HELLO BABY

Name:

_____

Birthday:

_____

Time Born:

_____

Weight:

_____

Height:

_____

My birth plan...

_____
_____
_____
_____
_____
_____
_____
_____
_____
_____
_____
_____
_____
_____
_____
_____
_____
_____
_____
_____
_____
_____
_____
_____
_____
_____
_____

My birth story..

_____
_____
_____
_____
_____
_____
_____
_____
_____
_____
_____
_____
_____
_____
_____
_____
_____
_____
_____
_____
_____
_____
_____
_____
_____
_____
_____

Date: _____

Last night I...

_____

_____

_____

_____

_____

_____

_____

_____

_____

_____

Today I...

_____

_____

_____

_____

_____

_____

_____

_____

_____

_____

_____

_____

_____

Feeding: _____

_____

_____

_____

_____

_____

_____

_____

Weight: _____   Temperature: _____

_____   _____

_____   _____

_____   _____

_____   _____

Other Stats: _____

_____

_____

_____

_____

Visitors: _____

_____

_____

_____

_____

_____

_____

Date: _____

last night I...

_____
_____
_____
_____
_____
_____
_____
_____
_____

Today I...

_____
_____
_____
_____
_____
_____
_____
_____
_____
_____
_____
_____
_____

Feeding: _____

_____

_____

_____

_____

_____

_____

_____

Weight: _____   Temperature: _____

_____   _____

_____   _____

_____   _____

_____   _____

Other Stats: _____

_____

_____

_____

_____

Visitors: _____

_____

_____

_____

_____

_____

Date: _____

Last night I...

_____
_____
_____
_____
_____
_____
_____
_____
_____
_____

Today I...

_____
_____
_____
_____
_____
_____
_____
_____
_____
_____
_____
_____
_____

Feeding: _____

_____

_____

_____

_____

_____

_____

_____

Weight: _____   Temperature: _____

_____   _____

_____   _____

_____   _____

_____   _____

Other Stats: _____

_____

_____

_____

_____

Visitors: _____

_____

_____

_____

_____

_____

_____

Date: _____

last night I...

_____
_____
_____
_____
_____
_____
_____
_____
_____
_____

Today I...

_____
_____
_____
_____
_____
_____
_____
_____
_____
_____
_____
_____
_____

Feeding: _____

_____

_____

_____

_____

_____

_____

_____

Weight: _____   Temperature: _____

_____   _____

_____   _____

_____   _____

_____   _____

Other Stats: _____

_____

_____

_____

_____

Visitors: _____

_____

_____

_____

_____

_____

_____

_____

Date: _____

last night I...

_____

_____

_____

_____

_____

_____

_____

_____

_____

Today I...

_____

_____

_____

_____

_____

_____

_____

_____

_____

_____

_____

_____

Feeding: _____

_____

_____

_____

_____

_____

_____

_____

Weight: _____   Temperature: _____

_____   _____

_____   _____

_____   _____

_____   _____

Other Stats: _____

_____

_____

_____

_____

Visitors: _____

_____

_____

_____

_____

_____

Date: _____

last night I...

_____
_____
_____
_____
_____
_____
_____
_____
_____

Today I...

_____
_____
_____
_____
_____
_____
_____
_____
_____
_____
_____
_____
_____
_____

Feeding: _____

_____

_____

_____

_____

_____

_____

_____

Weight: _____   Temperature: _____

_____   _____

_____   _____

_____   _____

Other Stats: _____

_____

_____

_____

_____

Visitors: _____

_____

_____

_____

_____

_____

_____

Date: _____

Last night I...

_____

_____

_____

_____

_____

_____

_____

_____

_____

_____

_____

Today I...

_____

_____

_____

_____

_____

_____

_____

_____

_____

_____

_____

_____

_____

_____

Feeding: _____

_____

_____

_____

_____

_____

_____

_____

Weight: _____   Temperature: _____

_____   _____

_____   _____

_____   _____

_____   _____

Other Stats: _____

_____

_____

_____

_____

Visitors: _____

_____

_____

_____

_____

_____

_____

Date: _____

last night I...

_____
_____
_____
_____
_____
_____
_____
_____
_____

Today I...

_____
_____
_____
_____
_____
_____
_____
_____
_____
_____
_____
_____
_____

Feeding: _____

_____
_____
_____
_____
_____
_____
_____
_____

Weight: _____   Temperature: _____

_____   _____
_____   _____
_____   _____
_____   _____

Other Stats: _____

_____
_____
_____
_____

Visitors: _____

_____
_____
_____
_____
_____
_____
_____

Date: _____

Last night I...

_____
_____
_____
_____
_____
_____
_____
_____
_____

Today I...

_____
_____
_____
_____
_____
_____
_____
_____
_____
_____
_____
_____

Feeding: _____

_____

_____

_____

_____

_____

_____

_____

_____

Weight: _____   Temperature: _____

_____   _____

_____   _____

_____   _____

_____   _____

Other Stats: _____

_____

_____

_____

_____

Visitors:_____

_____

_____

_____

_____

_____

_____

Date: _____

Last night I...

_____
_____
_____
_____
_____
_____
_____
_____
_____

Today I...

_____
_____
_____
_____
_____
_____
_____
_____
_____
_____
_____

Feeding: _____

_____

_____

_____

_____

_____

_____

_____

Weight: _____   Temperature: _____

_____   _____

_____   _____

_____   _____

_____   _____

Other Stats: _____

_____

_____

_____

_____

Visitors:_____

_____

_____

_____

_____

_____

_____

Date: _____

last night I...

_____
_____
_____
_____
_____
_____
_____
_____
_____

Today I...

_____
_____
_____
_____
_____
_____
_____
_____
_____
_____
_____
_____
_____

Feeding: _____

_____

_____

_____

_____

_____

_____

_____

Weight: _____ Temperature: _____

_____   _____

_____   _____

_____   _____

_____   _____

Other Stats: _____

_____

_____

_____

_____

Visitors: _____

_____

_____

_____

_____

_____

_____

Date: _____

last night I...

_____

_____

_____

_____

_____

_____

_____

_____

_____

_____

Today I...

_____

_____

_____

_____

_____

_____

_____

_____

_____

_____

_____

_____

Feeding: _____

_____

_____

_____

_____

_____

_____

_____

_____

Weight: _____   Temperature: _____

_____   _____

_____   _____

_____   _____

_____   _____

Other Stats:_____

_____

_____

_____

_____

_____

Visitors:_____

_____

_____

_____

_____

_____

_____

_____

Date: _____

Last night I...

_____

_____

_____

_____

_____

_____

_____

_____

_____

Today I...

_____

_____

_____

_____

_____

_____

_____

_____

_____

_____

_____

_____

Feeding: _____

_____
_____
_____
_____
_____
_____
_____

Weight: _____   Temperature: _____

_____   _____
_____   _____
_____   _____
_____   _____

Other Stats: _____

_____
_____
_____
_____

Visitors:_____

_____
_____
_____
_____
_____
_____

Date: _____

Last night I...

_____
_____
_____
_____
_____
_____
_____
_____

Today I...

_____
_____
_____
_____
_____
_____
_____
_____
_____
_____
_____
_____

Feeding: _____

_____

_____

_____

_____

_____

_____

_____

_____

Weight: _____   Temperature: _____

_____   _____

_____   _____

_____   _____

_____   _____

Other Stats: _____

_____

_____

_____

_____

_____

Visitors: _____

_____

_____

_____

_____

_____

_____

_____

Date: _____

Last night I...

_____

_____

_____

_____

_____

_____

_____

_____

_____

_____

Today I...

_____

_____

_____

_____

_____

_____

_____

_____

_____

_____

_____

_____

_____

_____

Feeding: _____

_____

_____

_____

_____

_____

_____

_____

Weight: _____   Temperature: _____

_____   _____

_____   _____

_____   _____

_____   _____

Other Stats: _____

_____

_____

_____

_____

Visitors: _____

_____

_____

_____

_____

_____

_____

Date: _____

last night I...

_____
_____
_____
_____
_____
_____
_____
_____
_____

Today I...

_____
_____
_____
_____
_____
_____
_____
_____
_____
_____
_____
_____
_____

Feeding: _____

_____

_____

_____

_____

_____

_____

_____

Weight: _____   Temperature: _____

_____   _____

_____   _____

_____   _____

_____   _____

Other Stats: _____

_____

_____

_____

_____

Visitors: _____

_____

_____

_____

_____

_____

_____

Date: _____

last night I...

_____

_____

_____

_____

_____

_____

_____

_____

_____

Today I...

_____

_____

_____

_____

_____

_____

_____

_____

_____

_____

_____

_____

Feeding: _____

_____

_____

_____

_____

_____

_____

_____

Weight: _____   Temperature: _____

_____   _____

_____   _____

_____   _____

_____   _____

Other Stats: _____

_____

_____

_____

_____

Visitors: _____

_____

_____

_____

_____

_____

_____

Date: _____

last night I...

_____

_____

_____

_____

_____

_____

_____

_____

_____

Today I...

_____

_____

_____

_____

_____

_____

_____

_____

_____

_____

_____

_____

_____

Feeding: _____

_____

_____

_____

_____

_____

_____

_____

Weight: _____   Temperature: _____

_____   _____

_____   _____

_____   _____

_____   _____

Other Stats: _____

_____

_____

_____

_____

Visitors:_____

_____

_____

_____

_____

_____

_____

Date: _____

Last night I...

_____
_____
_____
_____
_____
_____
_____
_____

Today I...

_____
_____
_____
_____
_____
_____
_____
_____
_____
_____
_____
_____

Feeding: _____

_____

_____

_____

_____

_____

_____

_____

Weight: _____   Temperature: _____

_____   _____

_____   _____

_____   _____

_____   _____

Other Stats: _____

_____

_____

_____

_____

Visitors: _____

_____

_____

_____

_____

_____

_____

Date: _____

last night I...

_____

_____

_____

_____

_____

_____

_____

_____

Today I...

_____

_____

_____

_____

_____

_____

_____

_____

_____

_____

_____

Feeding: _____

_____

_____

_____

_____

_____

_____

_____

Weight: _____   Temperature: _____

_____   _____

_____   _____

_____   _____

_____   _____

Other Stats: _____

_____

_____

_____

_____

Visitors: _____

_____

_____

_____

_____

_____

_____

Date: _____

Last night I...

_____

_____

_____

_____

_____

_____

_____

_____

_____

_____

Today I...

_____

_____

_____

_____

_____

_____

_____

_____

_____

_____

_____

_____

_____

_____

Feeding: _____

_____

_____

_____

_____

_____

_____

_____

Weight: _____   Temperature: _____

_____   _____

_____   _____

_____   _____

_____   _____

Other Stats: _____

_____

_____

_____

_____

Visitors:_____

_____

_____

_____

_____

_____

_____

Date: _____

last night I...

_____

_____

_____

_____

_____

_____

_____

_____

_____

_____

Today I...

_____

_____

_____

_____

_____

_____

_____

_____

_____

_____

_____

_____

_____

Feeding: _____

_____

_____

_____

_____

_____

_____

_____

Weight: _____   Temperature: _____

_____   _____

_____   _____

_____   _____

_____   _____

Other Stats: _____

_____

_____

_____

_____

_____

Visitors: _____

_____

_____

_____

_____

_____

_____

_____

Date: _____

last night I...

_____

_____

_____

_____

_____

_____

_____

_____

_____

_____

Today I...

_____

_____

_____

_____

_____

_____

_____

_____

_____

_____

_____

_____

_____

_____

Feeding: _____

_____

_____

_____

_____

_____

_____

_____

_____

Weight: _____   Temperature: _____

_____   _____

_____   _____

_____   _____

_____   _____

Other Stats: _____

_____

_____

_____

_____

_____

Visitors:_____

_____

_____

_____

_____

_____

_____

_____

Date: _____

Last night I ...

_____

_____

_____

_____

_____

_____

_____

_____

_____

Today I ...

_____

_____

_____

_____

_____

_____

_____

_____

_____

_____

_____

Feeding: _____

_____
_____
_____
_____
_____
_____
_____
_____

Weight: _____   Temperature: _____

_____   _____
_____   _____
_____   _____
_____   _____

Other Stats: _____

_____
_____
_____
_____
_____

Visitors: _____

_____
_____
_____
_____
_____
_____
_____

Date: _____

Last night I…

_____

_____

_____

_____

_____

_____

_____

_____

_____

Today I…

_____

_____

_____

_____

_____

_____

_____

_____

_____

_____

_____

_____

_____

Feeding: _____

_____

_____

_____

_____

_____

_____

_____

Weight: _____   Temperature: _____

_____   _____

_____   _____

_____   _____

_____   _____

Other Stats: _____

_____

_____

_____

_____

Visitors: _____

_____

_____

_____

_____

_____

Date: _____

Last night I...

_____

_____

_____

_____

_____

_____

_____

_____

_____

Today I...

_____

_____

_____

_____

_____

_____

_____

_____

_____

_____

_____

_____

Feeding: _____

_____

_____

_____

_____

_____

_____

_____

Weight: _____   Temperature: _____

_____   _____

_____   _____

_____   _____

_____   _____

Other Stats: _____

_____

_____

_____

_____

_____

Visitors: _____

_____

_____

_____

_____

_____

_____

_____

Date: _____

Last night I...

_____

_____

_____

_____

_____

_____

_____

_____

_____

_____

Today I...

_____

_____

_____

_____

_____

_____

_____

_____

_____

_____

_____

_____

_____

Feeding: _____

_____

_____

_____

_____

_____

_____

_____

Weight: _____   Temperature: _____

_____   _____

_____   _____

_____   _____

_____   _____

Other Stats: _____

_____

_____

_____

_____

Visitors:_____

_____

_____

_____

_____

_____

Date: _____

Last night I...

_____

_____

_____

_____

_____

_____

_____

_____

_____

_____

Today I...

_____

_____

_____

_____

_____

_____

_____

_____

_____

_____

_____

_____

_____

Feeding: _____

_____
_____
_____
_____
_____
_____
_____
_____

Weight: _____   Temperature: _____

_____   _____
_____   _____
_____   _____
_____   _____

Other Stats: _____

_____
_____
_____
_____
_____

Visitors: _____

_____
_____
_____
_____
_____
_____
_____

Date: _____

Last night I...

_____
_____
_____
_____
_____
_____
_____
_____
_____

Today I...

_____
_____
_____
_____
_____
_____
_____
_____
_____
_____
_____
_____
_____
_____

Feeding: _____

_____

_____

_____

_____

_____

_____

_____

Weight: _____   Temperature: _____

_____   _____

_____   _____

_____   _____

_____   _____

Other Stats: _____

_____

_____

_____

_____

Visitors: _____

_____

_____

_____

_____

_____

_____

Date: _____

Last night I…

_____

_____

_____

_____

_____

_____

_____

_____

_____

_____

Today I…

_____

_____

_____

_____

_____

_____

_____

_____

_____

_____

_____

_____

_____

_____

Feeding: _____

_____

_____

_____

_____

_____

_____

_____

Weight: _____   Temperature: _____

_____   _____

_____   _____

_____   _____

_____   _____

Other Stats:_____

_____

_____

_____

_____

Visitors:_____

_____

_____

_____

_____

_____

_____

_____

Date: _____

Last night I...

_____

_____

_____

_____

_____

_____

_____

_____

_____

Today I...

_____

_____

_____

_____

_____

_____

_____

_____

_____

_____

_____

_____

Feeding: _____

_____

_____

_____

_____

_____

_____

_____

Weight: _____ Temperature: _____

_____ _____

_____ _____

_____ _____

_____ _____

Other Stats: _____

_____

_____

_____

_____

Visitors: _____

_____

_____

_____

_____

_____

_____

_____

Date: _____

Last night I...

_____

_____

_____

_____

_____

_____

_____

_____

_____

Today I...

_____

_____

_____

_____

_____

_____

_____

_____

_____

_____

_____

_____

Feeding: _____

_____

_____

_____

_____

_____

_____

_____

Weight: _____   Temperature: _____

_____   _____

_____   _____

_____   _____

_____   _____

Other Stats: _____

_____

_____

_____

_____

_____

Visitors:_____

_____

_____

_____

_____

_____

_____

_____

Date: _____

Last night I...

_____
_____
_____
_____
_____
_____
_____
_____
_____
_____

Today I...

_____
_____
_____
_____
_____
_____
_____
_____
_____
_____
_____
_____
_____

Feeding: _____

_____

_____

_____

_____

_____

_____

_____

_____

Weight: _____   Temperature: _____

_____   _____

_____   _____

_____   _____

_____   _____

Other Stats: _____

_____

_____

_____

_____

Visitors:_____

_____

_____

_____

_____

_____

_____

Date: _____

Last night I...

_____

_____

_____

_____

_____

_____

_____

_____

_____

Today I...

_____

_____

_____

_____

_____

_____

_____

_____

_____

_____

_____

_____

Feeding: _____

_____

_____

_____

_____

_____

_____

_____

Weight: _____   Temperature: _____

_____   _____

_____   _____

_____   _____

_____   _____

Other Stats: _____

_____

_____

_____

_____

Visitors: _____

_____

_____

_____

_____

_____

_____

Date: _____

Last night I...

_____
_____
_____
_____
_____
_____
_____
_____
_____
_____

Today I...

_____
_____
_____
_____
_____
_____
_____
_____
_____
_____
_____
_____
_____

Feeding: _____

_____

_____

_____

_____

_____

_____

_____

Weight: _____   Temperature: _____

_____   _____

_____   _____

_____   _____

Other Stats: _____

_____

_____

_____

_____

Visitors: _____

_____

_____

_____

_____

_____

Date: _____

Last night I ...

_____

_____

_____

_____

_____

_____

_____

_____

_____

Today I ...

_____

_____

_____

_____

_____

_____

_____

_____

_____

_____

_____

Feeding: _____

_____

_____

_____

_____

_____

_____

_____

Weight: _____   Temperature: _____

_____   _____

_____   _____

_____   _____

_____   _____

Other Stats: _____

_____

_____

_____

_____

Visitors: _____

_____

_____

_____

_____

_____

_____

Date: _____

last night I...

_____
_____
_____
_____
_____
_____
_____
_____
_____

Today I...

_____
_____
_____
_____
_____
_____
_____
_____
_____
_____
_____
_____
_____

Feeding: _____

_____

_____

_____

_____

_____

_____

Weight: _____   Temperature: _____

_____   _____

_____   _____

_____   _____

_____   _____

Other Stats: _____

_____

_____

_____

_____

Visitors: _____

_____

_____

_____

_____

_____

_____

Date: _____

Last night I...

_____

_____

_____

_____

_____

_____

_____

_____

_____

Today I...

_____

_____

_____

_____

_____

_____

_____

_____

_____

_____

_____

_____

Feeding: _____

_____

_____

_____

_____

_____

_____

_____

Weight: _____   Temperature: _____

_____   _____

_____   _____

_____   _____

_____   _____

Other Stats: _____

_____

_____

_____

_____

Visitors: _____

_____

_____

_____

_____

_____

_____

Date: _____

Last night I...

_____

_____

_____

_____

_____

_____

_____

_____

_____

Today I...

_____

_____

_____

_____

_____

_____

_____

_____

_____

_____

_____

_____

Feeding: _____

_____

_____

_____

_____

_____

_____

_____

Weight: _____   Temperature: _____

_____   _____

_____   _____

_____   _____

_____   _____

Other Stats: _____

_____

_____

_____

_____

Visitors:_____

_____

_____

_____

_____

_____

_____

Date: _____

Last night I...

_____
_____
_____
_____
_____
_____
_____
_____
_____

Today I...

_____
_____
_____
_____
_____
_____
_____
_____
_____
_____
_____
_____
_____

Feeding: _____

_____

_____

_____

_____

_____

_____

_____

Weight: _____   Temperature: _____

_____   _____

_____   _____

_____   _____

_____   _____

Other Stats: _____

_____

_____

_____

_____

_____

Visitors: _____

_____

_____

_____

_____

_____

_____

Date: _____

Last night I...

_____
_____
_____
_____
_____
_____
_____
_____
_____
_____

Today I...

_____
_____
_____
_____
_____
_____
_____
_____
_____
_____
_____
_____
_____

Feeding: _____

_____

_____

_____

_____

_____

_____

_____

Weight: _____   Temperature: _____

_____   _____

_____   _____

_____   _____

_____   _____

Other Stats: _____

_____

_____

_____

_____

Visitors:_____

_____

_____

_____

_____

_____

_____

Date: _____

Last night I...

_____

_____

_____

_____

_____

_____

_____

_____

_____

_____

Today I...

_____

_____

_____

_____

_____

_____

_____

_____

_____

_____

_____

_____

Feeding: _____

_____

_____

_____

_____

_____

_____

_____

Weight: _____   Temperature: _____

_____   _____

_____   _____

_____   _____

_____   _____

Other Stats: _____

_____

_____

_____

_____

Visitors: _____

_____

_____

_____

_____

_____

_____

Date: _____

Last night I...

_____

_____

_____

_____

_____

_____

_____

_____

_____

Today I...

_____

_____

_____

_____

_____

_____

_____

_____

_____

_____

_____

_____

Feeding: _____

_____

_____

_____

_____

_____

_____

_____

Weight: _____   Temperature: _____

_____   _____

_____   _____

_____   _____

_____   _____

Other Stats: _____

_____

_____

_____

_____

Visitors:_____

_____

_____

_____

_____

_____

_____

Date: _____

Last night I...

_____

_____

_____

_____

_____

_____

_____

_____

_____

Today I...

_____

_____

_____

_____

_____

_____

_____

_____

_____

_____

_____

_____

Feeding: _____

_____

_____

_____

_____

_____

_____

_____

Weight: _____   Temperature: _____

_____   _____

_____   _____

_____   _____

_____   _____

Other Stats: _____

_____

_____

_____

_____

Visitors: _____

_____

_____

_____

_____

_____

_____

Date: _____

Last night I...

_____
_____
_____
_____
_____
_____
_____
_____
_____
_____

Today I...

_____
_____
_____
_____
_____
_____
_____
_____
_____
_____
_____
_____
_____

Feeding: _____

_____

_____

_____

_____

_____

_____

_____

Weight: _____   Temperature: _____

_____   _____

_____   _____

_____   _____

_____   _____

Other Stats: _____

_____

_____

_____

_____

_____

Visitors:_____

_____

_____

_____

_____

_____

_____

_____

Date: _____

Last night I...

_____
_____
_____
_____
_____
_____
_____
_____
_____

Today I...

_____
_____
_____
_____
_____
_____
_____
_____
_____
_____
_____
_____

Feeding: _____

_____

_____

_____

_____

_____

_____

_____

Weight: _____   Temperature: _____

_____   _____

_____   _____

_____   _____

_____   _____

Other Stats: _____

_____

_____

_____

_____

Visitors: _____

_____

_____

_____

_____

_____

_____

Date: _____

Last night I...

_____

_____

_____

_____

_____

_____

_____

_____

_____

_____

Today I...

_____

_____

_____

_____

_____

_____

_____

_____

_____

_____

_____

_____

Feeding: _____

_____

_____

_____

_____

_____

_____

_____

Weight: _____   Temperature: _____

_____   _____

_____   _____

_____   _____

_____   _____

Other Stats: _____

_____

_____

_____

_____

Visitors: _____

_____

_____

_____

_____

_____

_____

Date: _____

Last night I...

_____
_____
_____
_____
_____
_____
_____
_____
_____

Today I...

_____
_____
_____
_____
_____
_____
_____
_____
_____
_____
_____
_____
_____
_____

Feeding: _____

_____

_____

_____

_____

_____

_____

_____

Weight: _____   Temperature: _____

_____   _____

_____   _____

_____   _____

_____   _____

Other Stats: _____

_____

_____

_____

_____

Visitors: _____

_____

_____

_____

_____

_____

Made in the USA
Middletown, DE
15 June 2021